열한 살이 되기 전에 알아야 해
진짜 내 몸

열한 살이 되기 전에 알아야 해

초등학교 저학년을 위한 성교육

진짜 내 몸

글 이승환 | 그림 이세린

맑은샘

저자 프로필

글 이승환

한의사(경희대 한방예방의학 박사, 동국대 한방여성의학과 석사).
2010년부터 종로에서 통인한의원을 운영하고 있다. 2015년부터 운현초등학교의 주치 한의사(한의사 교의)로 활동하면서, 1년에 12회 이상의 건강 강의를 꾸준히 해 왔다. 서울시 한의사회 한의사 교의 운영위원회 부위원장 및 교재위원장, 대한한의사협회 소아청소년위원회 부위원장을 맡고 있다. 초등학생과 중학생을 위한 성교육, 금연, 금주, 바른 식습관, 키가 쑥쑥 자라는 건강한 습관, 감염병 예방 등 건강 교육 관련 교재를 만들고 있다. 한의사 교의 관련 4편의 연구 보고서와 8편의 KCI 논문을 발표했다.

그림 이세린

동국대학교 한의학과에 재학 중인 학생으로, 2020년 전국 한의과대학·한의학전문대학원 학생회 연합 주최 '한의학 폄훼 근절 공모전' 영상 부문에서 대상을 수상했다.

목차

1 식물도, 동물도, 사람도 '씨앗'에서 시작해요   07

2 자궁 속 아기, 태아는 어떻게 지낼까요?   27

3 같은 듯 다른 우리 몸   44

    1) 여성의 몸   48
    2) 남성의 몸   57

4 친구를 울렸어요, 성폭력이 뭐예요?   63

등장인물

똥글 선생님
어려운 이야기도 재미있게 해 주는 한의사 선생님이에요.

시오
친구들과 노는 걸 좋아해요. 소설가가 꿈이에요.

지우
과학책을 좋아해요. 과학자가 꿈이에요.

세린
외우기를 좋아해요. 우주인이 꿈이에요.

은철
수학대장. 돈 많이 벌어서 어려운 사람을 도와줄 거예요.

세찬
장난꾸러기. 개그맨이 꿈이에요.

유미
우리 반에서 잠수를 제일 잘해요. 수영 선수가 꿈이에요.

식물도, 동물도, 사람도 '씨앗'에서 시작해요

튼튼초등학교 2학년 시오는 오늘 아침부터 기분이 좋습니다. 첫 수업 시간에 한의사 선생님이 특별 수업을 해 주기로 했거든요.

"안녕~ 난 여러분의 주치 한의사 똥글 선생님이야!"
"안녕하세요!"
"오늘은 아주아주 재미있는 이야기를 해 줄 거예요~ 오늘 이야기를 잘 들으면 완전 똑똑해질 거고요. 이거 잘 모르는 형 누나들도 엄청 많거든요. 잘 들어줄 거죠?"
"네~"

"자, 그림들부터 보자."

"이런 새싹 본 적 있나요? 이 싹은 처음에 뭐였을까요?"

"씨앗이요!"
"코딱지만큼 작아요!"
"캬캬캬. 코딱지보다는 커~"
"상추씨 심어서 집에서 먹어 봤어요!"
"저는 강낭콩이요!"
"새싹비빔밥 맛있어요!"

"그래요. 모든 식물들은 아주 작은 씨앗에서부터 자라요.
자, 그럼 이 그림을 볼까요?"

" 꺅~ 너무 귀여워! "

"아, 고양이 키우고 싶다~"
"우리 집 강아지도 완전 귀여워요!"
"하하하. 내 눈에는 너희들이 더 귀엽단다.
갓난아기도 볼까요?"

"내 동생이 더 이뻐요."
"사촌 동생 닮았다."

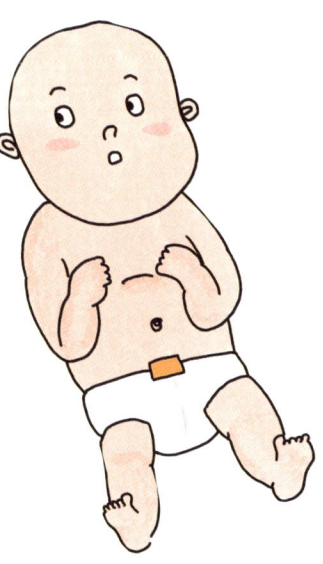

　동물 그림과 아기 그림에 교실이 떠들썩해졌습니다.

"자, 그럼 이렇게 귀여운 동물과 이쁜 아기들은
뭐에서 자란 걸까요?"

　갑자기 시끄럽던 교실이 조용해졌습니다.
그때 우리 반 과학 똑똑이 지우가 소리쳤습니다.

" 아기씨요! "

"오! 맞아! 박수 쳐 주자. 잘 대답해 줬으
니 동물 연필을 하나 선물로 줄게요."

짝짝짝~
시오도 알고 있었는데
기억이 가물가물했어요.

식물도, 동물도, 사람도 '씨앗'에서 시작해요

칭찬받는 지우가 부러웠습니다.

"식물처럼 동물도 사람도 하나의 씨앗인 아기씨에서 출발하는 거예요. 자, 그럼 이 아기씨는 뭐랑 뭐가 만나서 만들어 질까요?"

시오가 재빨리 번쩍 손을 들었어요.

"아빠씨랑 엄마씨가 만나요!"
"와, 대단하다. 시오도 연필 줄게요."

시오는 뿌듯했어요. 상어 모양 연필도 마음에 쏙 들었고요.

"우리 사람은 어떤 씨앗에서 출발한다고요?"
"아기씨요!"
"아기씨는 뭐랑 뭐가 만나서 만들어지나요?"
"엄마씨와 아빠씨요!"

"그렇지. 그럼 오늘부터는 어른들이 쓰는 어려운 단어를 우리도 배워 봐요. 아빠씨를 정자라고 부르고요, 엄마씨는 난자라고 불러요. 엄마씨가 뭐라고?"

"난자!"

"아빠씨는?"

"정자!"

"좋아요. 정자랑 난자가 하나씩 만나서 합체! 하는 것을 수정이라고 불러요. 그래서 아기씨가 되는 거죠? 이 아기씨를 수정란이라고 부르는 거예요. 뭐라고 한다고요?"

"수정란!"

"합체를 뭐라고 한다고요?"

"수정!"

"와, 진짜 똑똑하다. 오늘 집에 가서 가족들에게 알려 주는 거예요. '아빠, 아기가 어떻게 생기는지 알아요? 정자 하나랑 난자 하나가 만나서 수정란이 되는 거예요.' 이렇게. 오케이?"

"네!"

아빠씨 = 정자

엄마씨 = 난자

정자 한 개 + 난자 한 개 합체 = 수정

아기씨 = 수정란

> **부모님께**
>
> 어린이들은 새로운 용어를 익히는 데 많은 시간과 노력이 필요합니다. 제일 좋은 방법 중 하나는 퀴즈 맞히기와 반복해서 배우기예요.

"정자는 아빠 몸에서 만들어지고, 난자는 엄마 몸에서 만들어져요. 아빠 몸에 있던 정자는 그림에서처럼 올챙이같이 생겼고, 난자를 얼른 찾아가기 위해 꼬리로 아주 빨리 헤엄칠 수 있어요. 엄마 몸속 난자는 정자보다 훨씬 크고, 동그란 모양을 하고 있고, 천천히 움직여요. 아빠 몸에서 엄마 몸으로 한 번에 들어가는 정자는 몇 개나 될까요?"

난 최고의 수영선수!

난자를 향해 열심히 헤엄쳐 갈 꼬리!!

< 정자 >

"10개!"
"100개!"
"200개요!"
"사람마다 다르고, 매번 다르지만 그것보다 훨씬 많아요. 이렇게 큰 숫자를 셀 수 있을까?"

 똥글 선생님이 칠판에 숫자를 썼어요.

100,000,000

식물도, 동물도, 사람도 '씨앗'에서 시작해요

"일 십 백 천 만 십만 백만 천만 억. 1억 개예요?"

"우와 숫자 잘 세네. 1억 개보다 많을 때도 있어요. 그리고 1억 개 중에 오직 딱 한 개의 정자만 난자와 만나서 수정할 수 있는 거예요."

"나머지 정자들은요?"

"안타깝지만 엄마 몸 밖으로 떨어져 나가요. 끝내 아기씨가 되지 못하는 거죠."

헉! 갑자기 교실이 조용해졌습니다.

"다른 정자들이 불쌍해요."
"응, 그렇게도 볼 수 있지. 여기 있는 모든 친구들은 다른 1억 개의 정자들을 대표해서 태어난 거예요. 그러니 엄마 아빠 말씀도 잘 듣고, 선생님께 열심히 배우고, 친구들하고 잘 지내야겠죠? 안 그럼 다른 정자들이 얼마나 억울하겠어요? 자, 다시 복습. 여러분 모두는 뭐랑 뭐가 만나서 뭐가 된 거예요?"

아빠씨(　　　　) 한 개와 엄마씨(　　　　) 한 개가

서로 만나 합체(　　　　)을/를 해서

아기씨(　　　　)이/가 되었고,

우리는 모두

그 씨앗에서부터 자랐다

"정자 한 개와 난자 한 개가 서로 만나 수정을 해서 수정란이 되었고, 우리는 모두 그 씨앗에서부터 자란 거예요."

세린이가 빠른 속도로 대답했습니다.

"맞아요. 여러분, 아주아주 어렸을 때 수정란이었던 기억이 나죠?"
"캬캬캬, 그걸 어떻게 기억해요?"
"기억이 안 나요? 올챙이처럼 생겼던 정자였을 때 기억도 안 나고요?"
"똥글 선생님 장난꾸러기~"

"난자와 정자가 만나는 것은 자석의 S극과 N극처럼 서로 다르지만 친해지고 싶어하는 것과 비슷한 점이 있어요.
그리고 건전지의 −극과 +극처럼 서로 다른 둘이 함께 있어야 전기를 만들듯이 난자와 정자도 함께 있어야 아기를 만들 수 있는 거고요.

여자와 남자가 서로 아끼고, 조화와 균형을 이루면 생명이 만들어지고 탄생하는 자연의 놀라운 기적이 일어나요!"

그때 시오가 질문했어요.

"선생님, 쌍둥이도 정자 한 개랑 난자 한 개가 만나는 거예요?"
"오, 좋은 질문이야. 쌍둥이는 두 종류가 있어요. 얼굴이 아주 비슷하게 생긴 쌍둥이 친구들이 있죠? 이런 쌍둥이를 '일란성 쌍둥이'라고 해요. 뭐라고 한다고요?"
"일란성 쌍둥이!"

"오늘 어려운 단어 많이 배운다. 그렇죠? 아기씨를 뭐라고 한다고 했죠?"
"수정란!"

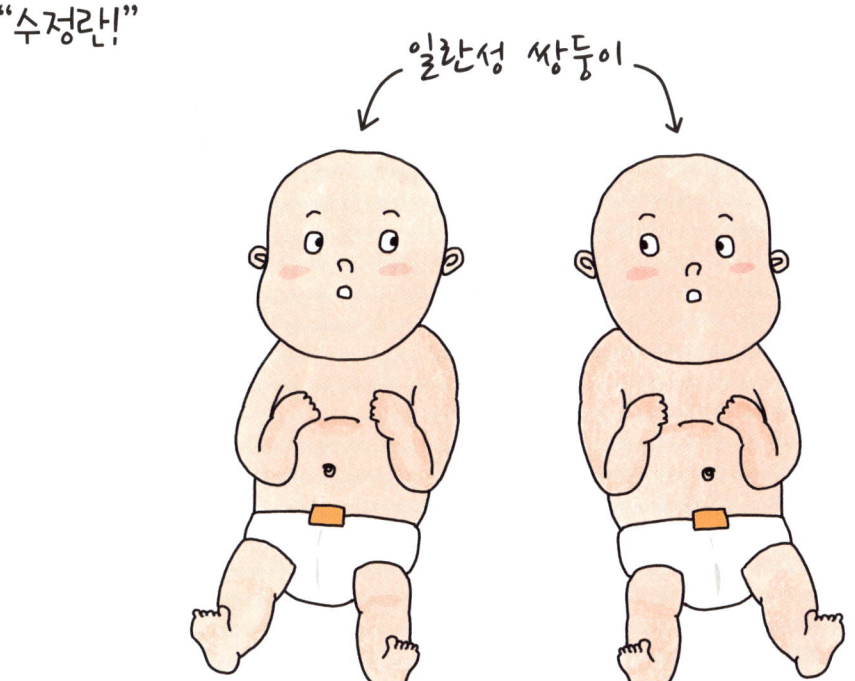

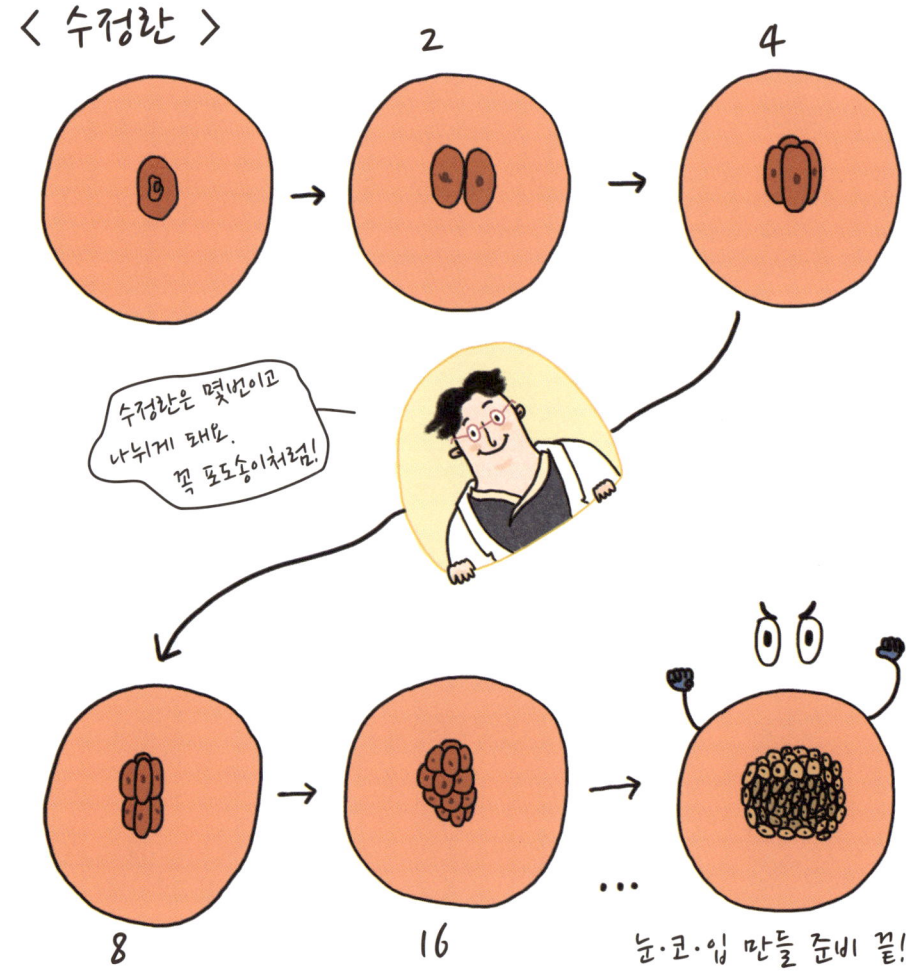

"그래요. 그 수정란은 '계란'처럼 알 하나라고 볼 수 있어요. 우리 몸을 구성하는 제일 작은 단위인 세포 1개이기도 하고요. 이 세포는 무럭무럭 크기 위해서 나눠져요. 1개였던 수정란은 2개가 되고, 그다음에는 4개, 그다음 8개, 이렇게 곱하기 2를 하면서 세포의 수가 늘어나요. 8 다음에는?"
"16!"

"곱하기 2는?"
"32, 64, 128!"

우리 반 수학대장 은철이가 씩씩하게 답했어요.

"우와, 곱셈 진짜 잘하네. 좋아요. 그렇게 세포가 많아지면서 우리 머리카락도 되고, 눈도 되고, 콧구멍, 손톱도 되는 거예요. 다시 아까 이야기로 돌아와서, 처음 2개로 나뉘진 세포가 잘 안 붙어 있고 떨어질 수 있어요. 예를 들어 수정란이 2개로 나누어져 있는 그 시기에 딱 맞춰서 엄마가 격렬하게 댄스댄스를 하면 세포가 흔들흔들하면서 나눠지는 거예요."

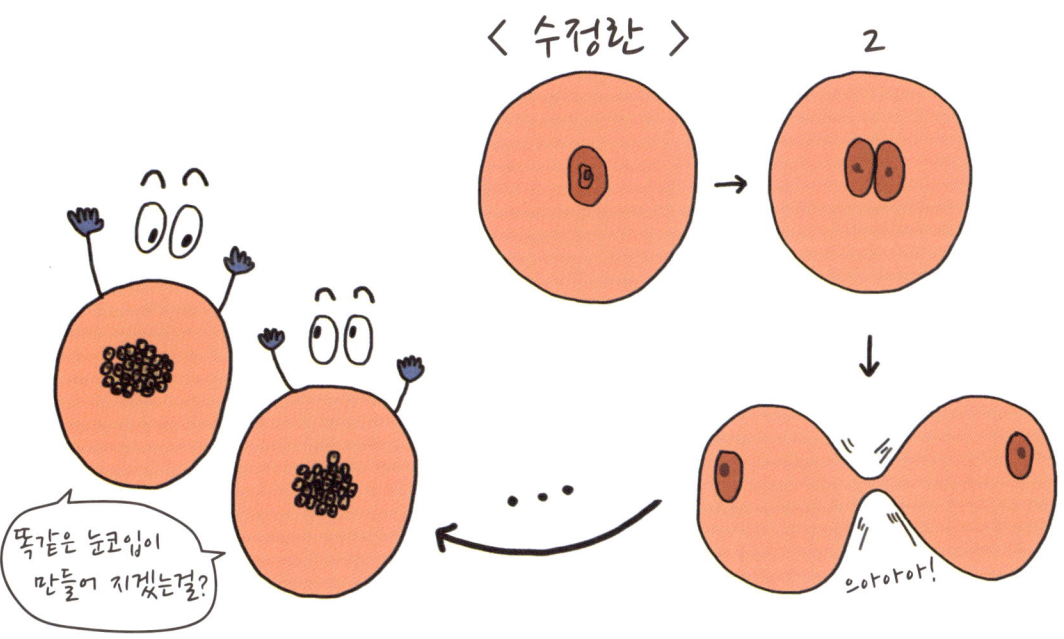

식물도, 동물도, 사람도 '씨앗'에서 시작해요

"하하하, 댄스댄스~"

"그럼 똑같은 수정란에서 나온 친구들이니까 원래 하나였던 세포에서 나온 거잖아요?

그래서 이 쌍둥이 친구들을 하나(일)의 수정란(란)에서 나온 성질(성)의 쌍둥이라고 해서

일란성 쌍둥이라고 불러요.

그래서 성별도 같고, 생김새도 비슷하게 생긴 거죠."

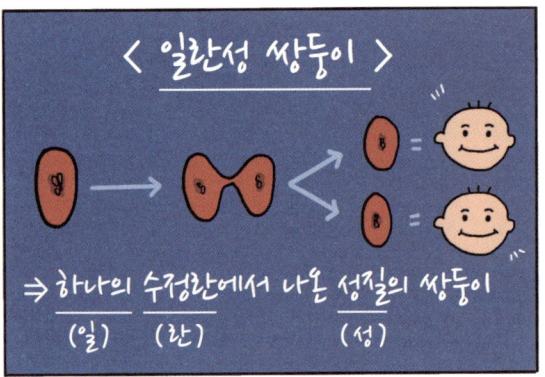

"선생님, 옆 반 주아랑 주한이는
쌍둥이인데 다르게 생겼어요."

"응, 그럴 수 있어요.
바로 이란성 쌍둥이예요.
엄마 몸에서는 한 달에 한 개의 난자가
나오는 경우가 대부분인데,
가끔 두 개가 나오기도 해요.
그때 각각의 난자에 정자가 한 개씩 들어가
서 수정이 되면 두 개(이)의 수정란(란)에서
나온 성질(성)의 쌍둥이인,
이란성 쌍둥이가 되는 거예요.
이란성 쌍둥이는 서로 성별이 다를 수도
있고, 같을 수도 있고,
생김새도 많이 다를 수 있어요."

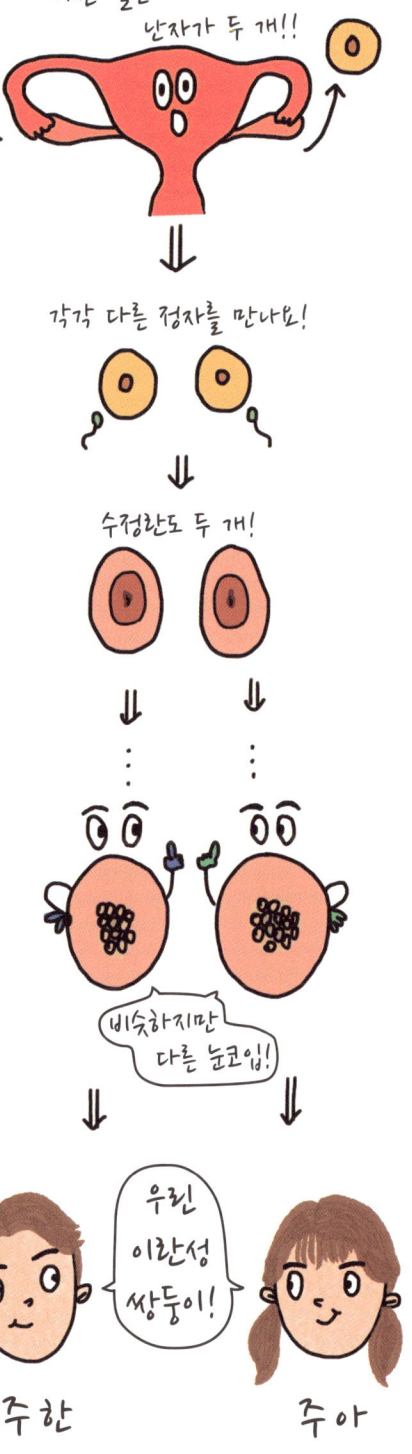

식물도, 동물도, 사람도 '씨앗'에서 시작해요

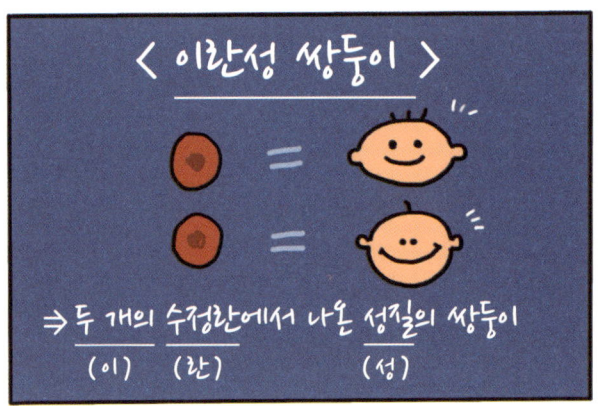

"그럼 주아랑 주한이는 이란성 쌍둥이네요?"
"그렇지!"

"재미있어요!"

"나도 덕분에 즐거웠어요. 오늘 수업은 여기까지 하고 오늘 배운 것 잘 기억해 두세요. 다들 수업을 재미있게 열심히 들었으니 동물 연필 하나씩 선물해 줄게요~ 다음 시간에 또 만나요~"

자궁 속 아기, 태아는 어떻게 지낼까요?

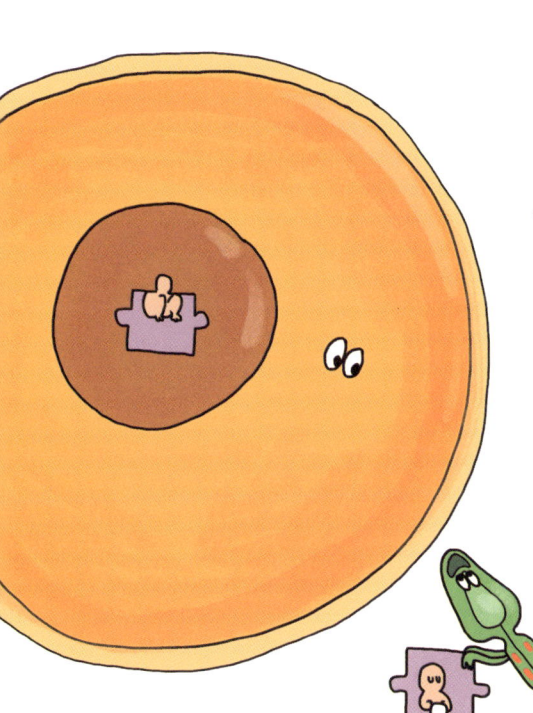

"굿모닝~"

"안녕하세요, 똥글 선생님!"

"오늘은 엄마 자궁에서 아기가 어떻게 생활하는지 이야기해 줄게요. 지난 시간에 이야기한 수정란 기억나요?"

시오가 얼른 대답했어요.

"네! 정자랑 난자가 만나서 수정란이 되는 거예요!"

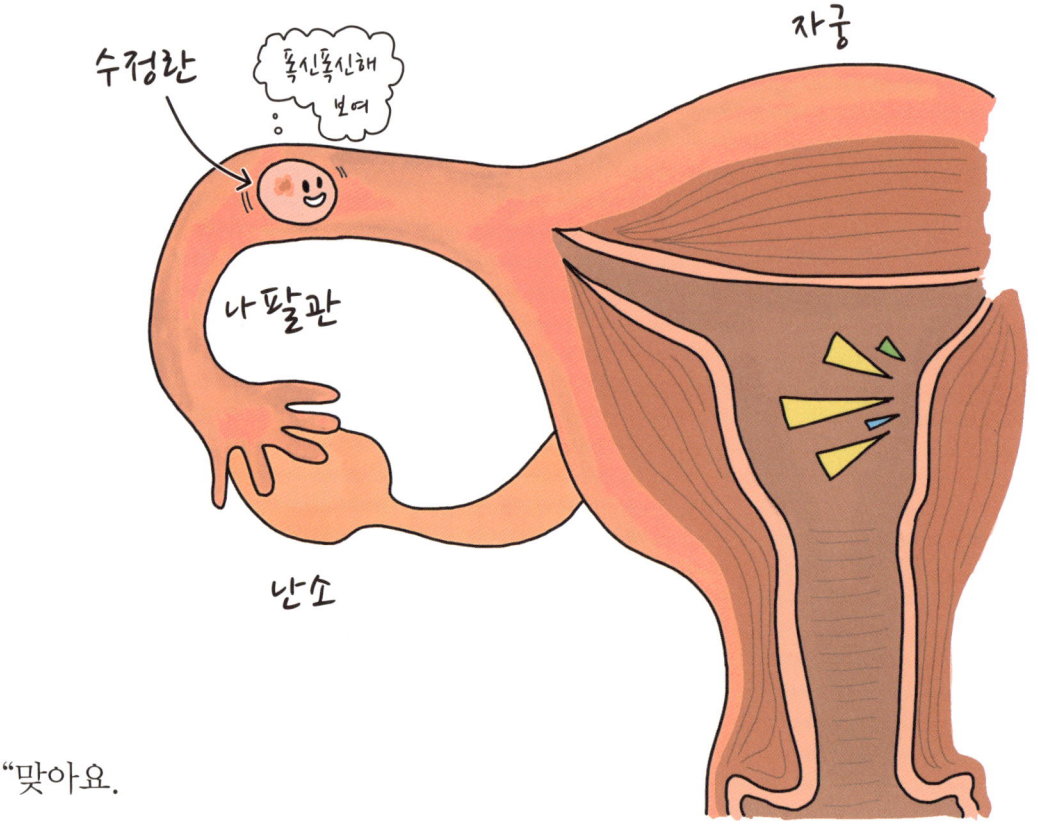

"맞아요.
수정란은 나팔관에서 자궁으로 둥둥 떠서
천천히 움직이다가 엄마 자궁 안에서 제일 폭신폭신할 것 같은 장소를
찾아요."

"착륙합니다. 5(Five), 4(Four), 3(Three), 2(Two), 1(One). 성공!
수정란이 엄마 자궁에 안전하게 착륙해서 잘 연결이 되는 이 과정을
'**착상**'이라고 해요. 뭐라고 한다고요?"

"착상!"

"그렇지. 정자와 난자가 만나는 '수정'과 엄마 자궁에 자리 잡는 '착상', 이 두 과정이 모두 잘되면 우리는 '**임신**'되었다고 하는 거예요."

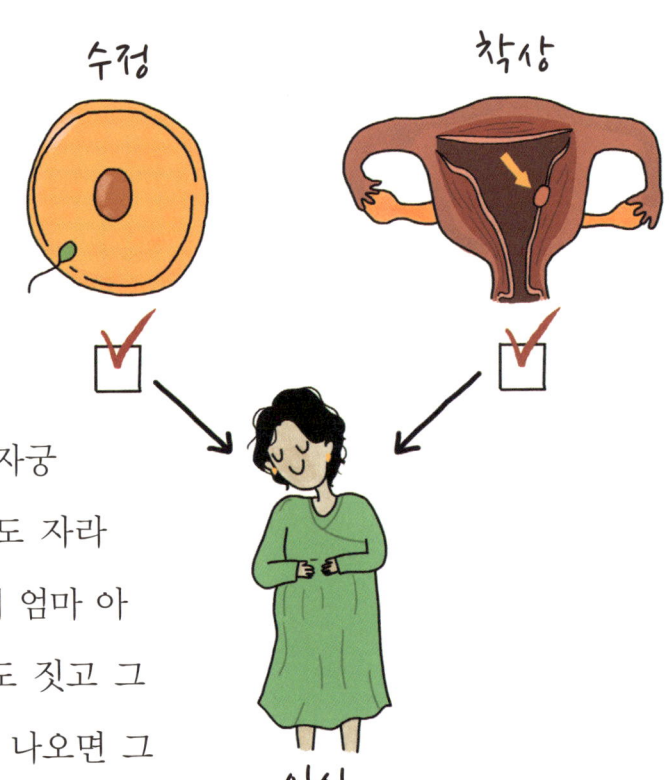

"그리고 열 달 동안 엄마 자궁 속에서 머리도 커지고, 뼈도 자라서 튼튼해지고, 귀가 생겨서 엄마 아빠 노랫소리도 듣고, 표정도 짓고 그러다가 세상에 짜잔~ 하고 나오면 그게 바로 '**출산**'이에요.
축하해요~ 박수! 생일 축하합니다~"

정자와 난자의 합체 = 수정

수정란이 엄마 자궁에 착륙 = 착상

수정 + 착상 = 임신

열 달 뒤에 엄마 자궁에서 아기가 나오면 = 출산

"엄마 배에 있다가 어디로 나와요?"
"배꼽으로 나와요!"

우기기 대장 세찬이가 아는 체했어요.

"배꼽으로 나오기는 힘들 것 같고요,
엄마 자궁 밑에 **질**이라는 통로가 있어요.
그 길로 아빠 정자가 들어가기도 하고, 아이도 그 길로 나오는 거예요."

> **부모님께**
>
> 시험관 아기 이야기는 초등학교 고학년 대상 책에서 자세히 알려 주려고 합니다. 궁금해하는 친구들에게는 임신을 하고 싶은데 잘 되지 않는 부부(난임 부부)들은 의사 선생님이 여러 가지 방법으로 임신을 도와줄 수 있는데, 그 방법 중에 하나가 '시험관 아기'이고 수정과 착상을 의사 선생님이 도와준다고 알려 주세요.

똥글 선생님이 말했어요.

"출산 전에 엄마 뱃속에 있는 아기를 '**태아**'라고 해요.
뭐라고 한다고요?"
"**태아!**"

"오케이. 태아는 우리랑 달리 물속에서 살아요. 열 달 동안."
"우와. 잠수하는 거네요. 유미가 우리 반에서 수영도 잠수도
제일 잘해요."

수영 선수가 꿈인 유미는 어깨를 으쓱하며 웃었어요.

"이 물은 '**양수**'라고 불러요. 태아를
부드럽게 보호해 주고요, 세균 감염
도 막아주고요, 너무 춥거나 너무
덥지도 않게 해 줘요. 그리고 엄마
몸 밖으로 나올 때 물 미끄럼틀처럼
도와줘요~"

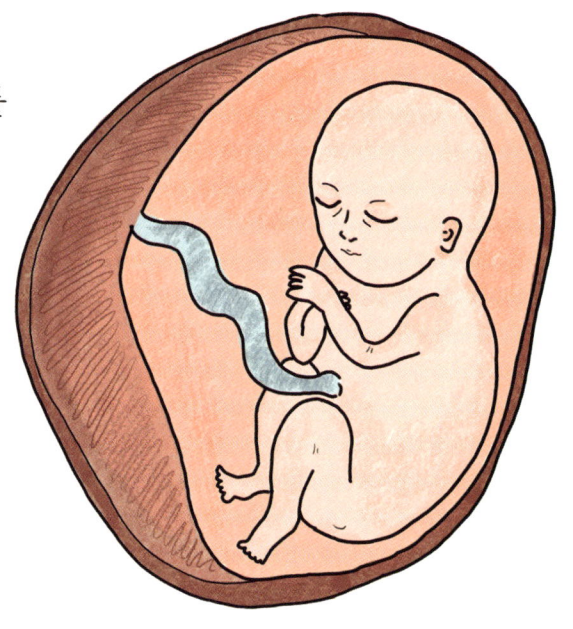

아까부터 잠수하듯이 코를 막고
버티던 세찬이가 헥헥거리면서
물어봤어요.

"숨 막힐 것 같아요. 어떻게 그렇게
오랫동안 물속에서 참는 거예요?"
"하하하, 태아에게는 비밀이 있어요.
그 답은 나중에 알려 줄게요~"
"아아, 지금 알려 주세요~"

"메롱~"
"똥글 선생님 장난꾸러기~"

"태아는 뭘 먹고 살까요?"
"밥이요!"
"죽이요!"
"짜장면 시켜 먹어요. 키키킥!"
"말도 안 돼~ 뱃속에서 배달앱으로 시키냐~"
"엄마가 먹는 거 같이 먹어요!"

시오는 언젠가 들은 이야기가 생각났어요.

"배꼽으로 먹어요!"
"아, 나도 들은 것 같아!"

은철이가 팔로 코끼리 코를 만들며 이야기했어요.

"코끼리는 코로 먹고 아기는 배꼽으로 먹고~ 키키키!"
"배꼽이랑 관련은 있는데 배꼽으로 음식을 먹지는 않아요. 물속에 있잖아요. 뭔가 엄마랑 잘 연결해 주는 통로가 있으면 좋겠는데…"

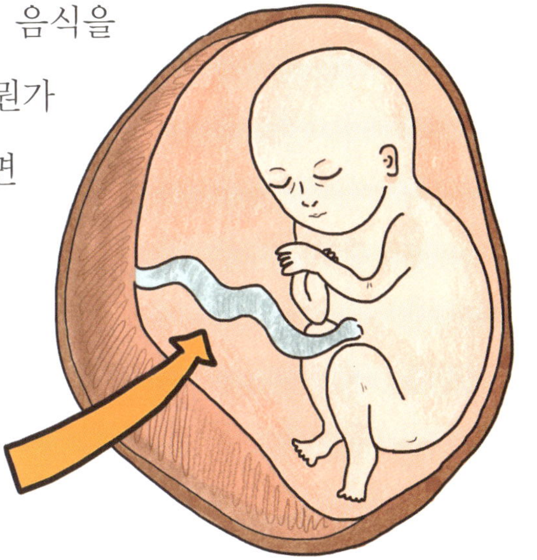

지우가 소리쳤어요.

"**탯줄**이요!"

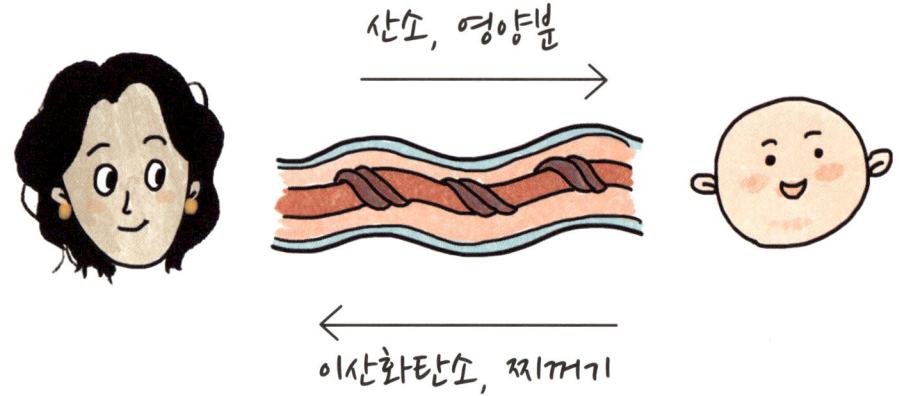

"이야~ 맞았어!

바로 탯줄이 엄마 자궁과 아기 배꼽을 연결해 줘요.

탯줄에는 피가 지나가는 혈관이 들어 있고

이 혈관으로 엄마 몸의 산소랑 영양분이 아기 몸으로 들어가고

아기 몸의 이산화탄소랑 찌꺼기가 엄마 몸으로 들어가는 거예요."

"우와~"

"그럼 밥은 안 먹어요?"

"응 안 먹어요~"

"배고프겠다."

"엄마가 대신 맛있는 음식을 먹고 소화시켜서 영양분만 태아에게 보내주니까 배고프지 않고 무럭무럭 클 수 있어요. 아까 물속에 있는 태아가 어떻게 숨 쉬나 궁금했었죠? 바로 이 탯줄로 산소가 들어가고 이산화탄소가 나가요. 이 과정이 숨 쉬는 것과 똑같은 거예요."

세린이가 크게 소리쳤어요.

"우주선이랑 연결해서 우주인들이 돌아다니는 것 같아요!"

"오, 멋진 상상력이야! 맞아요. 우주선과 우주인이 줄로 연결된 것처럼 엄마 자궁과 아기도 탯줄이라는 줄로 연결되어 있으니까 그렇게 볼 수도 있겠다!"

우주인을 꿈꾸는 세린이는 기분이 좋아졌어요.

"그런데 탯줄로 연결되어 있으면 물속에서 헤엄치기 힘들 것 같아요."

"하하하, 그건 너무 걱정하지 말아요.
 탯줄이 50cm 정도 되거든요.
 어디 보자, 30cm 자가 이 정도 길이니까
 이거 두 개 정도 된다고 볼 수 있겠네.
 뱃속 작은 공간에서 이 정도 길이면 헤엄치기 충분할 거야."

은철이는 탯줄 길이를 생각하며 끄덕였어요.

유미가 갸우뚱하며 질문을 했어요.

"저는 수영하면서 안 먹고 싶어도 물을 먹는데요, 아기도 물을 마시나요?"
"오! 좋은 질문이에요. 양수라는 물속에 있다고 했잖아요. 임신하고 6개월부터 태아는 양수라는 물을 조금 마시기도 해요."

"그럼 물 마시고 오줌도 싸요?"
"응, 오줌도 싸지."
"그 물을 다시 마셔요? 으, 이상해요!"

"태아는 음식을 먹지 않고 탯줄로 영양분만 받으니 우리처럼 오줌에서 냄새가 나거나 더럽지 않아요. 세균이 없고요, 색깔도 맑아요. 그리고 엄마 몸에서 양수를 계속 깨끗하게 만들어 줘요. 정수기처럼요."

"우와, 신기해요!"

"똥은요?"

"캬캬캬캬캬캬캬!"

"방귀는요?"

세찬이가 신나서 물어봤습니다.

"좋은 질문이야. 하하하, 우리 몸에서 방귀는 왜 나오는 거지?"

지우가 대답했어요.

"음식을 먹고 소화시키면서 가스가 나오는 거예요."

"맞아! 그런데 태아는 음식을 먹지 않고 탯줄로 영양분을 받잖아. 그러니 방귀를 뀌지 않아. 양수 말고는 입으로 먹는 게 없지만 몸에서 찌꺼기가 조금씩 만들어지고 모여서 똥이 될 수는 있겠죠. 양이 되게 적어서 엄마 자궁 속에서 똥을 싸는 경우는 거의 없어요~ 보통은 출산 후 2일 내에 모유를 먹으면서 아주 짙은 초록색 똥을 싸요."

유미는 얼마 전 태어난 막냇동생의 기저귀를 보면서 똥 색깔이 신기하다고 생각한 기억이 났어요.

"역시 오줌, 똥, 방귀 이런 이야기를 좋아하는구나! 귀여운 친구들! 오늘 수업 중에서 꼭 기억할 내용을 정리해 볼까?"

엄마 자궁 속의 아기 = 태아

태아를 둘러싸고 있는 물 = 양수

엄마랑 태아를 연결하는 통로 = 탯줄

탯줄을 통해서 무엇을 주고받을까?

엄마 → 태아: 영양분과 산소

태아 → 엄마: 찌꺼기와 이산화탄소

"엄마는 열 달 동안 태아가 점점 크면서 배도 점점 부르고, 허리도 아프고, 음식을 소화해서 영양분을 만들어 열심히 태아에게 줘야 하니 힘들어요. 그래도 기쁜 마음으로, 아기를 사랑하는 마음으로 출산을 기다리는 거예요. 아빠도 옆에서 열심히 엄마를 응원하고, 안마도 해 주고, 맛있는 음식도 만들고, 태아에게 자장가도 불러 주고요.

그러니 우리는 이 세상에 잘 태어난 것만으로도 엄마 아빠에게 감사해야 해요. 오늘 집에 가서 엄마 아빠에게 수업 시간에 배운 이야기 해 드리고 감사하다고, 사랑한다고 말해 주세요~"

"네!"

같은 듯 다른 우리 몸

"자, 이번에는 아주 심각한 질문을 하나 할 거예요. 우리 반에서 배꼽이 없는 사람 손 들어 보세요~"

모두들 어리둥절한 표정으로 주위를 둘러봤어요.

"그런 사람이 어디 있어요~ 하하하하!"

"그럼 엉덩이가 3개인 사람?"

"저요, 저요!"

장난꾸러기 세찬이가 손을 들었습니다.

"와, 신기하네. 그럼 심장이 두 개인 사람은?"
"저요, 저요! 저는 세 개있어요!"

여기저기서 까불이들이 손을 들었습니다.
교실이 난장판이 되었어요.

"그래요. 거짓말쟁이들이 많군요,
하하하. 우리는 다른 점도 있지만
모두 비슷한 모습을 하고 있어요.
그리고 여자와 남자도 비슷한 모습도 있고,
다른 모습도 있어요. 이 그림을 볼까요?"

같은 듯 다른 우리 몸

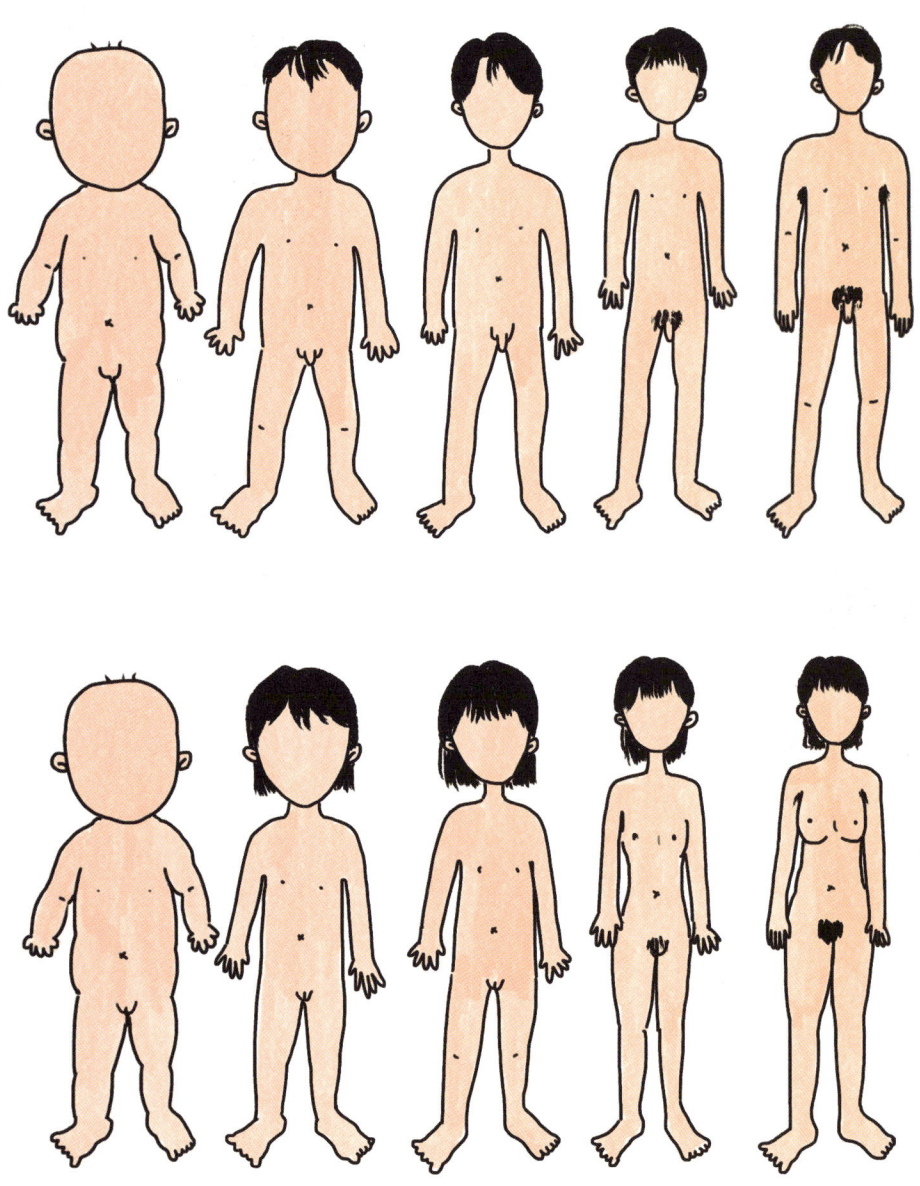

"자, 어릴 때는 남자와 여자가 비슷하게 생겼는데요, 점점 달라지죠? 뭐가 달라지나요?"

"머리가 작아져요!"
"응? 머리가 작아져? 아, 이 그림에서 보면 키는 똑같고 얼굴이 작아지는 것처럼 보이네? 그게 아니라 처음에는 몸 전체에서 얼굴이 많이 크다가 키가 점점 자라니까 몸 전체에서 얼굴이 작아 보인다고 해야지. 하하하."

"남자는 꼬추가 커져요!"
"여자는 찌찌가 커져요!"
"거기에 털이 나요!"
"킥킥~"

"다 맞는 이야기인데, 표현을 다르게 하면 좋을 것 같아요.
자, 지금부터 여자와 남자 몸이 어떻게 다른지 알아보자. 오늘도 새로 배우는 단어들이 있을 거예요."

1) 여성의 몸

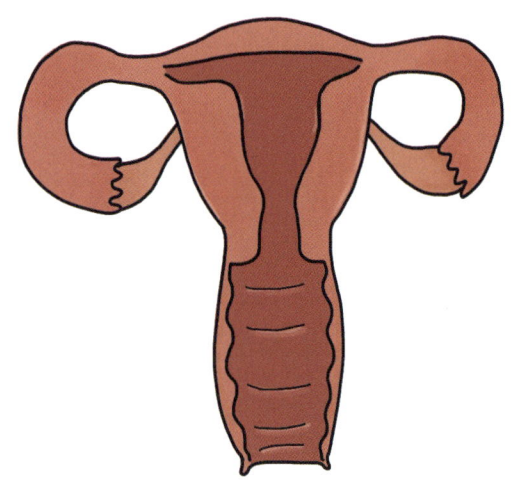

"자 우리 모두 주먹을 쥐고 배꼽 아래에 올려 보아요. 이 위치에 아주 중요한 '**자궁**'이 있어요."

"남자는 없어요~"

< 자궁 >

사람이 될 씨앗이 자라날 보금자리예요

"맞아요. 남자와 여자의 차이예요. 자궁의 자(子)는 아들이라는 뜻이 아니라, **씨앗**이라는 뜻이에요. 아기씨가 자라는 궁전이라는 의미로 **자궁**이라고 불러요.
그다음은 선생님처럼 요렇게 해 봐요. 양팔을 벌려 손목을 아래로 꺾은 상태를 만들어 보는 거예요."

"이게 뭐예요~"

"하하하, 학이 춤추는 것 같아요~"

"자, 선생님 몸통이 자궁이라면 다리 쪽은 **질**이라고 불러요. 올챙이 모양의 정자가 들어오는 통로이기도 하고, 나중에 배울 생리혈이 나가는 통로이기도 하고요, 임신해서 자궁에서 열 달 동안 무럭무럭 자란 아기가 태어나는 길이기도 해요. 그다음, 양팔은 **나팔관**이에요. 뭐라고 한다고요?

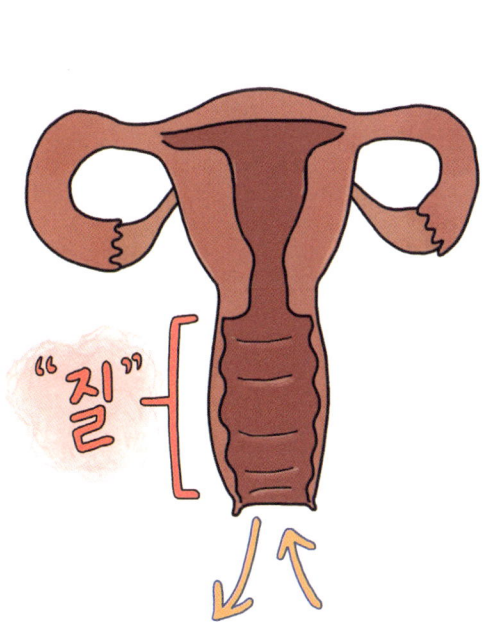 

질은 통로 역할을 한단다!

"나팔관이요!"

"그래요. 악기 중에 뿌뿌 소리 나는 나팔처럼 생겨서 나팔관이에요. 그리고 이 양손에는 **난소**가 있어요. 뭐라고 한다고요?"
"난소!"

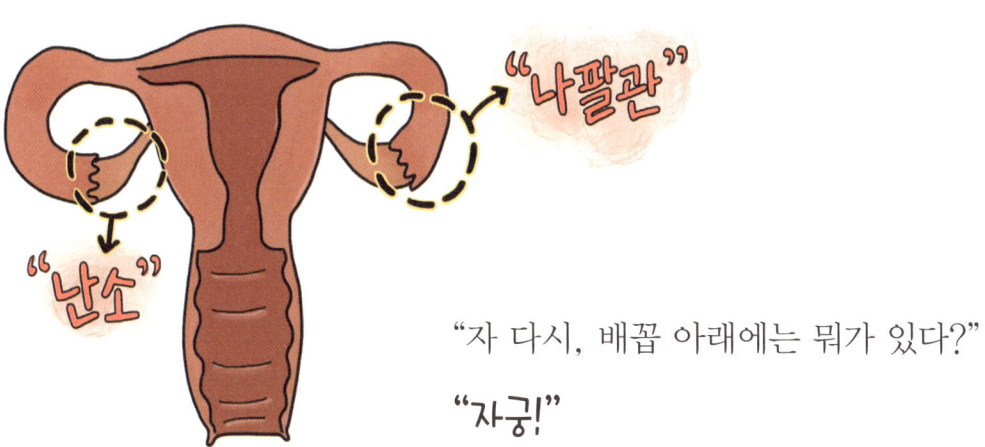

"자 다시, 배꼽 아래에는 뭐가 있다?"
"자궁!"

"요렇게 양팔을 벌려 손목을 아래로 꺾은 자세를 만들면 양팔은 뭐다?"
"나팔관!"

"양손 위치에는 뭐가 있어요?"
"난소!"

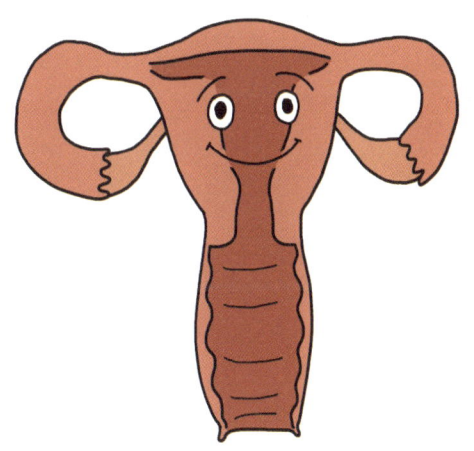

같은 듯 다른 우리 몸

"그렇지. 지난 시간에 엄마씨를 뭐라고 한다고 했죠?"
"난자요~"

"역시 똑똑해. '난'자들이 만들어지는 장'소'가 이 난소예요.
오른쪽에 하나, 왼쪽에 하나가 있어요.
그래서 이번 달에 오른쪽 난소에서 톡 난자가 나오면,
다음 달에는 왼쪽 난소에서 톡 난자가 나오는 거예요.
따라 해 봐요. 오른쪽에서 톡, 왼쪽에서 톡."

"오른쪽에서 톡, 왼쪽에서 톡."

"이런 자궁, 나팔관, 난소는 남자에게는 없고 여자에게만 있어요.
자, 이번에는 여자와 남자의 겉모습의 차이를 볼까요?"

 그림을 보고 시오는 괜히 부끄러워졌어요.

"선생님 이상해요~"

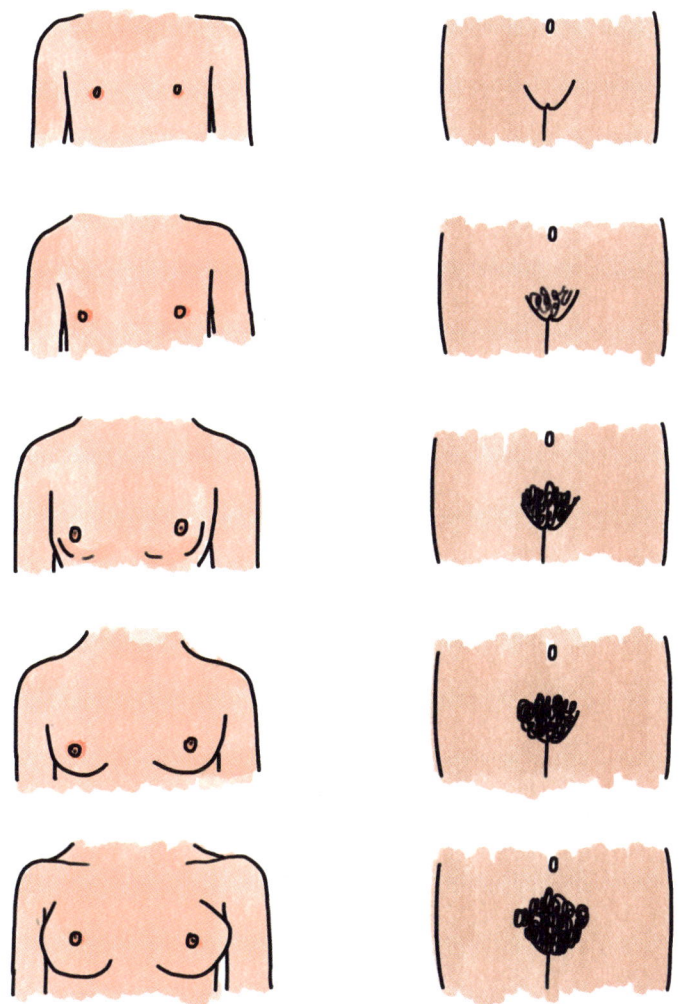

같은 듯 다른 우리 몸

"우리가 여자 몸, 남자 몸의 차이를 공부하기 위한 거니 이상할 것 없어요.
자, 아까 어떤 친구가 여자 몸은 크면서 찌찌가 커진다고 했죠?
우린 이제 유치원생이 아니니 찌찌라는 단어 대신에 **유방**이라고 하자.
아기에게 젖을 줄 모유가 있는 방이라는 뜻이에요. 찌찌 대신에 뭐라고요?"

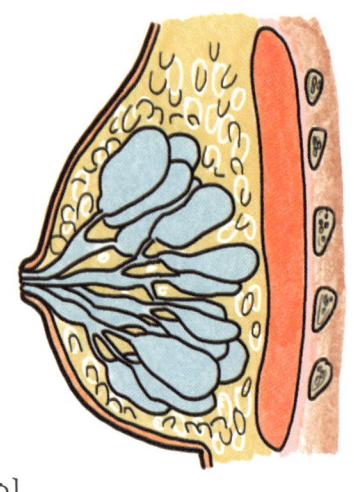

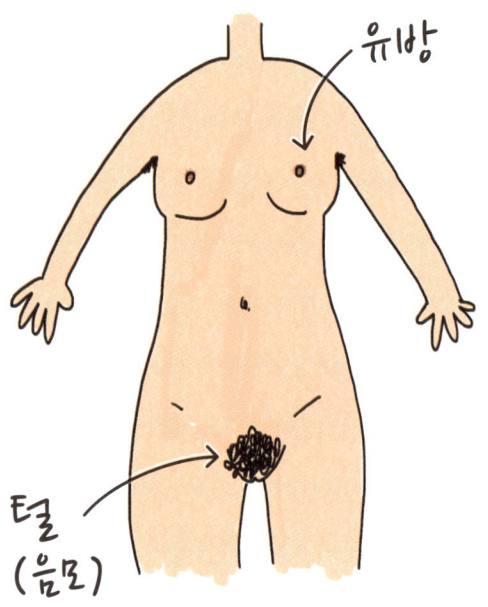

"유방!"
"그렇지. 유방이 커지고, 또 어른이 되면서 겨드랑이와 성기 부위에 털이 북슬북슬 나요. 겨드랑이와 성기 주변에 털이 나는 것은 남자도 여자도 똑같아요."

"에이, 지저분해요~"

"오, 그렇게 이야기하면 털이 섭섭해 할 것 같은데요?"

"네? 털이 어떻게 섭섭해해요~"

"털은 우리 몸의 중요한 부위를 잘 보호해 주고, 밖에서 오는 병균도 막아 주고, 추울 때는 따뜻하게도 해 주는 역할을 하는 거예요."

시오는 할머니 댁에 있는 삽살개가 생각났어요. 삽살이는 털이 복슬복슬하게 많아서 겨울에도 추워하지 않았어요.

"아~"

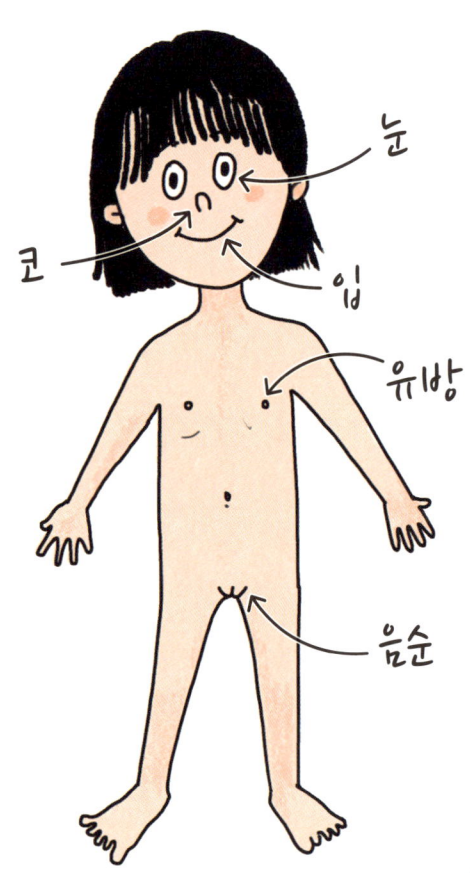

"여자의 성기를 뭐라고 부르죠?"
"잠지요!"
"여자꼬추요!"

"하지마~ 이상해~"

"응, 지금까지는 그렇게 불렀다면, 오늘부터는 음순이라고 불러요. 찌찌 대신에 뭐라고 부르자?"
"유방!"

"잠지, 여자꼬추 대신에 뭐라고?"
"음순!"

"그렇죠. 이제 여러분은 성교육을 잘 받은 똑똑한 2학년이 된 거예요."

그림을 보면서 시오는 음순이 부끄럽거나 이상한 것이 아니라 눈, 코, 입처럼 똑같은 우리 몸이라는 생각이 들었어요.

2) 남성의 몸

"자, 그럼 남자의 몸은 여자의 몸과 어떻게 다른지 살펴보아요~"

"꼬추다~"

"캬캬캬캬!"

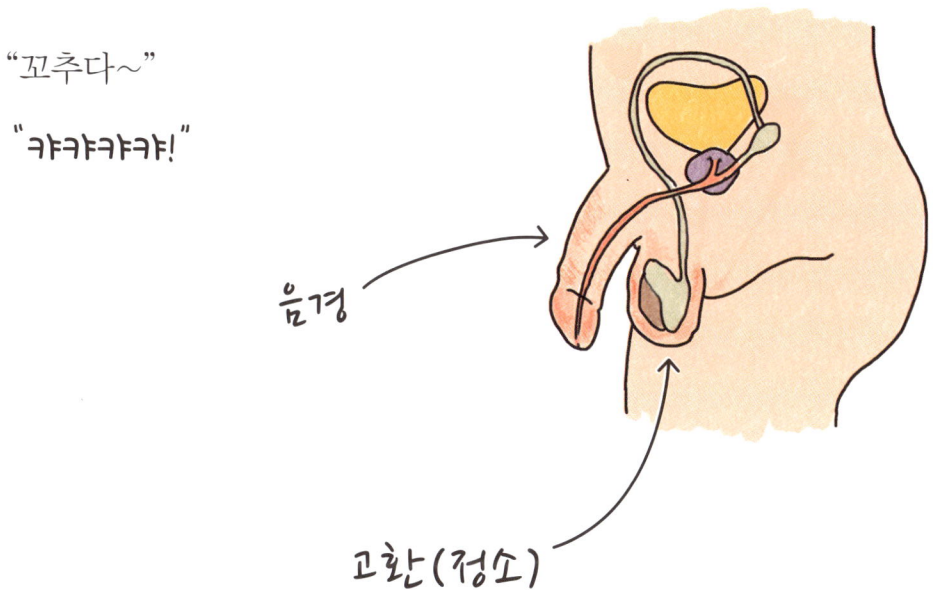

"그래요 여러분이 말한 것처럼 남자의 성기를 지금까지 꼬추라고 불러 왔죠? 이제부터는 '**음경**'이라고 불러주세요. 뭐라고 한다고요?"
"**음경!**"

"자 그럼 이 음경 아래에 동그란 방울이 있어요. 이건 뭐라고 불러요?"
"부랄이요~ 캬캬캬캬!"

여기저기서 장난꾸러기들이 키득키득 웃었어요.

"네, 그렇게도 부르지만 어른들은 **고환** 또는 **정소**라고 불러요. 난소는 뭐라고 했죠?"

유미가 학 같은 자세를 만들며 대답했어요.

"난자가 나오는 곳이요!"
"그렇죠. 그럼 정소는 어떤 역할을 할까요?"

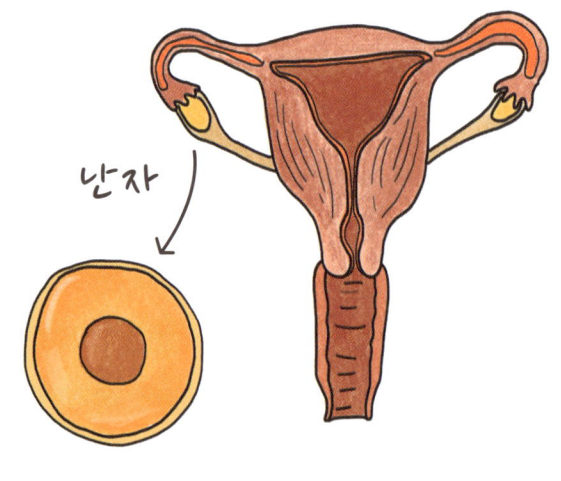

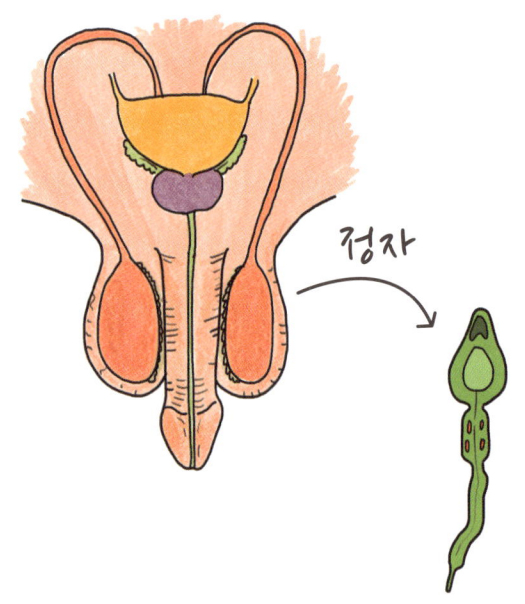

"정자가 나와요?"
"그렇지! 정자가 나오는 곳이 정소, 난자가 나오는 곳이 난소인 거예요. 난소는 몇 개였죠?"
"양쪽에 하나씩 두 개요!"

"그렇지. 난소처럼 정소(고환)도 두 개예요. 자, 다시 그림을 보세요. 정소에서 정자가 만들어져서 정관을 따라서 음경을 통해 나오는 거예요. 여자와 달리 남자는 음경을 통해 정자도 나오고, 소변도 나와요. 여자 엉덩이 쪽에는 밖으로 통하는 출구가 세 개 있어요. 오줌이 나오는 요도, 자궁과 이어진 질, 똥이 나오는?"

"똥꼬!"

"하하하, 이제부터는 **항문**이라고 불러요!"

"자, 그래서 여자는 엉덩이 쪽에 출구가 세 개 있어요.

요도, 질, 항문.

그럼 남자는 몇 개일까요?"

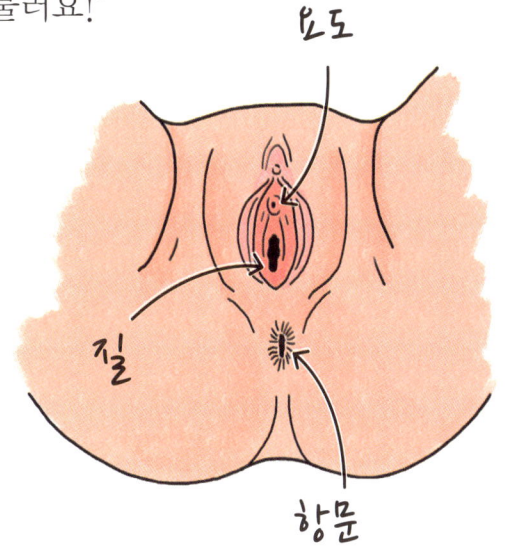

같은 듯 다른 우리 몸

세찬이가 대답했어요.

"한 개요!"
"응? 한 개? 그럼 똥도 음경으로 나오나?"
"아…"

"캬캬캬캬, 바보 같아~"

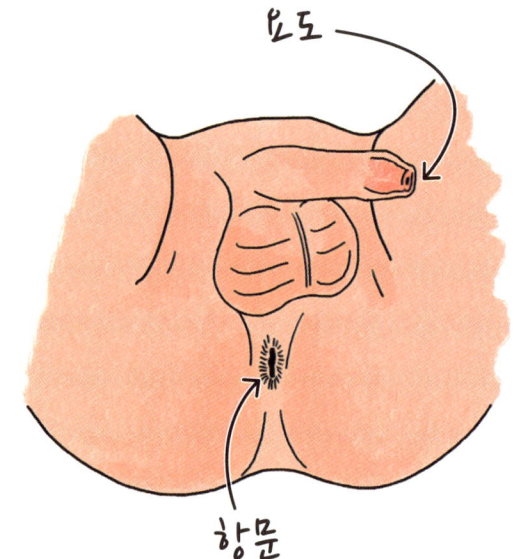

"친구를 놀리면 안 되죠~
헷갈릴 수 있어요, 하하하.
음경에 있는 요도로 오줌도
나오고, 정자도 나오니 한 개, 그리고 똥이 나오는 항문이 한 개, 이렇게 남자 엉덩이 쪽에 있는 출구는 총 두 개예요."

지우가 손을 들고 물어봤어요.

"똥글 선생님! 남자 요도로 오줌도 나오고, 정자도 나오면 너무 더러운 거 아니에요?"
"오, 좋은 질문이에요. 하지만 정자가 나올 때는 오줌이 못 나오도록 잘 막고요, 정자와 함께 요도를 잘 닦아 주는 물질들이 나와서 요도가 더러워지지 않게 보호해 줘요."

"우와, 신기하다."

"맞아요. 우리 몸은 아주 잘 짜여 있고, 여자와 남자가 이렇게 서로 다르지만 누구 하나, 어떤 기관 하나 빠짐없이 소중해요. 어려운 이야기인데 우리 튼튼초등학교 친구들은 정말 똑똑하구나! 자, 오늘은 남자와 여자의 몸, 그중에서도 성기의 차이에 대해서 알아봤어요. 새로운 단어들 잘 복습하세요!"

같은 듯 다른 우리 몸

(1) 여성의 몸

찌찌 = 유방

잠지, 여자꼬추 = 음순

아기씨가 자라는 궁전 = 자궁

난자가 만들어져 나오는 장소 = 난소: 오른쪽 왼쪽에 한 개씩

자궁과 난소를 이어주는 관 = 나팔관

자궁 아래로 이어진 길 = 질

(2) 남성의 몸

꼬추 = 음경: 소변도 나오고, 정자도 나온다

부랄 = 고환, 정소: 정자가 만들어져 나오는 장소

(3) 여성, 남성 공통

똥꼬 = 항문

부모님께

성기를 '소중이', '그곳', '거시기' 등으로 얼버무려 표현하기보다는 정확한 의학 용어로 편하게 이야기해 주시는 것을 권해 드립니다. 우리 어른들도 어색해하지 않는 연습이 필요합니다.

친구를 울렸어요, 성폭력이 뭐예요?

장난꾸러기 세찬이는 친구들 사이에서 인기가 좋습니다. 춤도 잘 추고, 노래도 잘해요.
세찬이는 남몰래 같은 반 지우를 좋아하고 있어요. 오늘 지우가 이쁜 노란색 치마를 입고 왔어요.

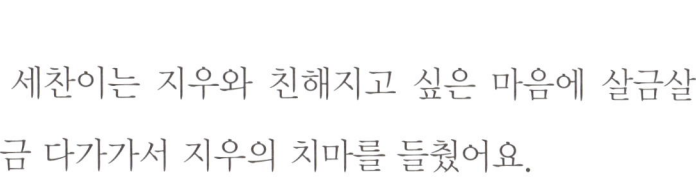

세찬이는 지우와 친해지고 싶은 마음에 살금살금 다가가서 지우의 치마를 들췄어요.

"메롱~"

지우는 너무 놀라서 주저앉아 울었어요.
세찬이는 당황했고요.
지우의 친구들이 세찬이에게 화를 냈어요.
마침 담임 선생님이 교실로 들어오셨고,
상황을 보시고는 조용히 세찬이를
따로 불러 이야기하셨어요.

"세찬이는 오늘 왜 그랬어요?"

"저는 그냥 지우랑 친해지고 싶어서 장난친 거예요… 지우가 울지는 몰랐어요."

"지우가 울지 않았어도 세찬이가 그렇게 하는 건 옳지 않아요. 만약에 다른 친구가 세찬이 바지를 내렸다면 기분이 어땠을까?"

"…부끄러웠을 것 같아요."

"맞아요. 아무리 친해지고 싶고, 장난치고 싶은 마음이어도 상대방이 부끄러워하거나 싫어하는 행동을 하는 것은 잘못된 행동이에요."

"네. 잘못했어요."

　선생님은 지우 어머니, 세찬이 어머니와 통화했어요.

"지우가 많이 놀랐을 거예요. 세찬이도 본인 잘못을 인정하고 있어요. 내일 사과하고 싶어하니 지우 잘 달래 주세요."

"세찬이 어머니도 놀라셨죠. 평소에 장난기가 많기는 하지만 이런 경우가 없었는데, 제가 보기에는 지우를 좋아하는 마음을 엉뚱하게 표현한 것 같아요. 잘 타일러 주세요."

　세찬이는 엄마와도 이야기를 나눴어요.

"세찬아, 평소에 지우가 제일 이쁘다고 하더니 왜 그랬어?"

"나는 장난 치면 애들이 웃고 좋아하길래 지우랑 더 친해질 거라고 생각했어요."

"음… 그랬구나. 만약에 다른 아저씨가 엄마 치마를 들추면서 장난이라고 하면 세찬이 기분이 어떨까?"

"막 화나고 아저씨에게 뭐라고 할 것 같아요."

"그래, 엄마를 소중하게 생각하는 마음처럼 친구들도 존중하고 배려해 줘야지."

"맞아요. 미안하다고 이야기하고 싶은데 지우가 받아 줄까요?"

"진짜 세찬이 마음을 담아서 편지를 써 보자. 지우도 사과를 받아 줄 거야."

"네…."

다음 날 세찬이는 무거운 마음으로 편지를 들고 학교에 갔어요. 지우는 눈이 퉁퉁 부은 얼굴로 학교에 왔고요. 많은 친구들이 보는 앞에서 세찬이가 지우에게 편지를 주며 사과했어요.

"지우야, 어제는 정말 미안했어. 다시는 안 그럴게. 내 사과를 받아 줘."

편지를 읽어 본 지우는 세찬이의 사과를 받아 주기로 했어요.

"알았어. 평소에 네가 다른 친구들을 잘 도와줘서 용서해 주는 거야. 다시는 그러지 마."
"응, 그래. 고마워. 진짜로 안 그럴게. 우리 앞으로도 친하게 지내자."

성교육을 하기 위해 온 똥글 선생님은 담임 선생님에게 어제와 오늘 있었던 이야기를 전해 들었어요. 마침 오늘 수업 주제가 성폭력이기 때문에 성폭력에 대한 내용을 잘 알려 줘야겠다고 생각했죠.

"안녕, 여러분. 똥글 선생님이에요. 오늘은 **성폭력**에 대해 이야기해 줄 거예요. 폭력이 뭘까요?"

"때리는 거요."

"두들겨 패는 거예요."

"맞아요. 누군가를 공격하고 몸이나 마음을 아프게 하는 모든 것이 다 폭력이에요. 특히 성적인 부분에 해당하는 것을 성폭력이라고 하고요.

예를 들어 볼까요? 친한 친구라고 해도 '어~ 누구누구는 남자답지 못하게 맨날 우네!', '여자애가 왜 이렇게 목소리가 커!' 이렇게 놀리는 것도 성폭력일 수 있어요. 혹시 화장실을 몰래 훔쳐보는 애들도 있나요?"

"으악~ 더러워요~"

"그렇죠? 여자아이들이 브래지어를 하는 것을 놀리는 경우, 반대로 남자아이들도 자라면서 목소리가 변하거나 수염이 나는데 이걸 놀리는 것도 성폭력이 될 수 있어요. 어떤 이상한 친구는 본인의 성기를 막 보여 주려고 했대요."

"우웩!"

"그럼 상대방은 기분이 아주 불쾌하겠죠? 이런 행동들 모두 성폭력이라고 할 수 있어요."

이런 행동 모두 성폭력이에요

(1) 강제로 몸을 만지거나 말이나 행동으로 놀리는 등 성과 관련하여 불쾌한 행동을 하는 모든 것

(2) 화장실 훔쳐보기, 치마 들추기, 속옷 만지기

(3) 신체의 변화에 대해 놀리기

(4) 일부러 몸을 부딪히거나 만지고 도망가기

(5) 내 성기를 보여 주거나 만지게 하기

"어제 우리 튼튼초등학교에서도 비슷한 일이 있었다고 들었는데요. 본인이 나쁜 의도로 한 행동이 아니어도, 상대방이 싫어하고 힘들어했다면 분명하게 사과하는 것이 맞아요. 그리고 똑같은 잘못을 하지 않으려고 노력해야 하고요. 모두 잘 알겠죠?"

세찬이는 뜨끔했어요.

"네!"

시오가 물어봤어요.

"선생님, 얼마 전에 공원에서 달리기하다 넘어져서 울었는데 지나가던 여자애들이 저보고 남자답지 못하게 왜 우냐고, 그러다 꼬추 떨어진다고 막 놀렸어요. 이것도 성폭력이죠?"

"당연하지! 시오는 기분이 어땠어?"
"아파서 울고 있는데 놀리니까 더 억울했고… '여자만 울 수 있나? 남자는 울지도 못하나?' 그런 생각을 했어요."

"남자다움, 여자다움이 정해져 있을까요? 우리는 각자 생김새도 다르고, 키도 다르고, 몸무게도 다르고, 좋아하는 음식도 모두 달라요. 그렇죠?"

"맞아요. 저는 떡볶이가 제일 좋아요!"
"저는 순두부가 좋아요. **보들보들~ 히히히!**"

"저는 치킨이요!"
"저는 인절미가 좋아요. 꿀 찍어 먹으면 더 맛있어요."

"그래요. 우리가 각자 좋아하는 음식도 다르고, 좋아하는 색깔도 달라요. 그리고 좋아하는 것들은 시간이 지나면서 얼마든지 달라질 수 있어요. 사람의 성격도 마찬가지예요. 어떤 사람은 수줍음을 더 타기도 하고, 어떤 사람은 다른 사람들 앞에서 노래하는 걸 좋아하고요. 그런데 이렇게 서로 다르다고 해서 누가 틀렸다고 이야기할 수 있을까요?"

"아뇨!"

"그래요. 그러니 남자다움, 여자다움도 정해져 있지 않아요. 시오가 아파서 우는 모습을 보고 걱정하기는커녕 남자답지 못하다고 이야기하고, 그것도 꼬추 떨어진다고 성기를 이야기하면서 놀리는 건 아주 유치한 일이고 이 역시 성폭력이에요. 다음에는 따끔하게 그러지 말라고 하세요. 그리고 우리가 기분 나빴던 일을 잘 기억해서 앞으로 다른 사람에게 그런 말과 행동을 하지 않기 위해 노력해야 하고요. 알았죠?"

"네!"

"자, 그리고 어른들 중에도 나쁜 사람들이 있어요. 혹시 바바리맨이라고 들어 봤어요?"
"네. 우리 누나도 그 사람 봤다고 들었어요."

"바바리맨은 아주 나쁜 사람이에요. 긴 코트 안에 아무것도 안 입고 있다가 여러분처럼 어린 친구들이 지나갈 때 성기를 짠 하고 보여 주면서 상대방이 소리를 지르고 놀라기를 바라는 거예요. 이 세상에는 좋은 어른들도 많지만 나쁜 어른들도 분명히 있다는 것을 꼭 알아야 해요."

"경찰에 신고해요!"

"맞아요. 좋은 방법이에요. 그리고 최대한
그런 사람들을 마주치치 않도록 미리미리 조심해야죠.
나쁜 사람들은 다른 사람들이 많이 지나다니는 곳보다는
사람들이 잘 다니지 않는 으슥한 골목에 숨어 있는 경우가 많아요.
그러니 밝은 곳으로 친구들과 함께 다니는 것이 좋고요."

시오가 대답했어요.

"저는 은철이랑 같은 동네 살아서 맨날 같이 다녀요."
"잘됐구나! 그리고 잘 모르는 사람이 이상한 부탁을 할 경우, 예를 들어 '너 참 이쁘게 생겼구나. 엉덩이를 한번 만져 봐도 될까?' 이런 기분 나쁜 질문을 했는데 아무 대답도 안 하면 이 사람들은 '좋다고 하는 거구나.' 착각을 해요. 왜냐하면 다른 사람의 마음을 생각하지 않고 자기가 하고 싶은 대로만 생각하고 행동하는 아주 나쁜 사람들이니까요. 그러니 정확하게 '싫어요!'라고 큰소리로 대답해야 해요. 뭐라고 해야 한다고?"
"싫어요!"

"응? 뭐라고?"
"싫어요!"

"그렇지. 그리고 혹시라도 그런 나쁜 사람들을 만난 경우, 부끄러워하지 마세요. 생각해 봐요. 여러분이 어제 숙제를 안 해서, 아니면 부모님 말씀을 잘 안 들어서, 아니면 친구들하고 싸워서 그런 나쁜 어른을 만난 거예요?"

"아니요~"

"나쁜 사람을 만난 것은 여러분이 뭔가를 잘못해서가 아니에요. 혼날 일도 아니고요. 그러니 나쁜 사람을 만났다면 숨기려 하지 말고, 꼭 선생님이나 부모님께 말씀을 드려야 해요. 그래야 다시는 그 사람을 안 만날 수 있고, 다른 친구들도 보호할 수 있어요. 잘할 수 있죠?"

"네!"

"마지막으로 또 한 가지. 오늘까지는 이런 성폭력을 잘 몰라서 실수했을 수는 있지만 이제 이야기를 나누었으니 이 쉬운 내용을 이해하지 못하는 친구들은 없을 거예요. 그렇죠?"

"네!"

"이 내용을 알고도 성폭력을 한다면 이제부터는 나쁜 사람이에요. 뭐라고요?"

"나쁜 사람!"

"그렇지. 우리 튼튼초등학교 친구들 중에 나쁜 사람은 없을 테니, 똥글 선생님은 걱정 없어요. 다음에는 좀 더 재미있는 주제로 함께 이야기 나눠요. 감기 조심하고, 안녕~"

성폭력의 상황이 다가올 때 어떻게 대처할까요?

(1) 누군가 내 몸을 만지려고 하면 반드시 "싫어!"라고 강하게 표현하세요.

(2) 사람들이 많이 다니는 밝은 곳으로 친구들과 함께 다니세요.

(3) 위기 상황이 생기면 소리 지르거나 도움을 요청하세요.

(4) 꼭 부모님과 선생님께 말씀드리고 함께 해결 방법을 찾아보세요.

부모님께

성폭력 예방이 점점 중요해지고 있습니다. 아이도 어른도 미리 조심하고, 대처 방법을 잘 알고 있어야 당황하지 않을 거예요. 세상이 보다 건강해지길 기원합니다.

부모님께

우리나라에서 초등학교 저학년을 대상으로 성교육이 진행된 지 여러 해가 되었지만, 아직까지도 어느 정도가 적절한 교육 수준인지 의견이 분분합니다. 지금의 부모 세대는 어렸을 때 성교육을 제대로 받지 않은 경우도 많았습니다. 그런데 요즈음 초등학교 저학년 학생들은 이미 '엄마씨', '아빠씨', '아기씨'를 알고 있습니다. 이런 아이들에게 부모님은 어떤 이야기를 더 해줘야 할까요?

너무 적나라한 내용에 아이들이 충격을 받지는 않을까.
대충 이야기해 줘서 오히려 헷갈리게 하는 것은 아닐까.
걱정하시더라고요.

여러 교재들과 논문들을 참고하여 초등학교 1~6학년을 대상으로 강의했습니다. 이를 바탕으로, 초등학교 저학년이 알고 싶어 하고, 꼭 알아야 하는 수준의 내용을 정리해 봤습니다.

초등학교 저학년에게는 이런 성교육이 필요합니다.

(1) 생명의 소중함, 임신의 개념

(2) 태아의 성장과 출생 과정

(3) 여자와 남자 몸의 공통점과 차이점, 신체 기관의 정확한 용어

(4) 성범죄로부터 내 몸을 안전하게 보호하는 방법, 남녀 서로 이해하고 배려하는 태도

이 책의 다음 편이 될 초등학교 고학년을 위한 책에서는 첫 생리, 몽정, 자위 등의 2차 성징, 몸과 마음의 성장, 심리적인 스트레스, 따돌림 등에 대해서 좀 더 자세하게 풀어 갈 예정입니다.

많은 관심과 의견 부탁드려요.

감사합니다.

**열한 살이 되기 전에 알아야 해
진짜 내 몸**

초판 1쇄 인쇄 2021년 08월 20일
      2쇄 발행 2022년 11월 30일

지은이 이승환
그린이 이세린

펴낸이 김양수
책임편집 이정은
편집디자인 권수정
교정교열 이봄이

펴낸곳 도서출판 맑은샘
출판등록 제2012-000035
주소 경기도 고양시 일산서구 중앙로 1456(주엽동) 서현프라자 604호
전화 031) 906-5006
팩스 031) 906-5079
홈페이지 www.booksam.kr
블로그 http://blog.naver.com/okbook1234
포스트 http://naver.me/GOjsbqes
이메일 okbook1234@naver.com

ISBN 979-11-5778-504-9 (73370)

* 이 책은 저작권법에 의해 보호를 받는 저작물이므로 무단전재와 무단복제를 금지하며, 이 책 내용의 전부 또는 일부를 이용하려면 반드시 저작권자와 도서출판 맑은샘의 서면동의를 받아야 합니다.
* 파손된 책은 구입처에서 교환해 드립니다. * 책값은 뒤표지에 있습니다.
* 이 도서의 판매 수익금 일부를 한국심장재단에 기부합니다.